Lulzim Tafa

SHTINI N'DHE KËTO FJALË
Poezi

Botues
SH.B Faik Konica
Prishtinë

Redaktor
Nazmi Rrahmani

Recenzent
Agim Vinca

Redaktor teknik
Besfort Mehmeti

LULZIM TAFA

SHTINI N'DHE KËTO FJALË
POEZI

Shtëpia Botuese
"FAIK KONICA"
Prishtinë 2015

POEZI QË LEXOHET LEHTË, POR NUK SHLYHET NGA KUJTESA

Poezia më e re e Lulëzim Tafës, i cili rreth njëzet e sa vjet më parë botoi librin e vet të parë, është refleks i kohës në të cilën jetojmë. Temat, motivet, idetë, figurat, fjalori poetik, gjithçka, mban ngjyrën e kësaj kohe. Nuk është çudi, prandaj, që në tekstin e saj shfaqen shpesh fjalë e shprehje të zhargonit të përditshëm, herë-herë edhe në anglisht, kurse celulari, interneti dhe mjetet e tjera teknike të kohës sonë dalin në vargje thuajse po aq sa edhe njeriu.

Mirëpo, subjekti lirik i kësaj poezie, Uni i saj, është njëkohësisht njeriu i kësaj toke, i këtij nën-qielli, çka do të thotë se ai ka tipare të forta lokale. Bota dhe karakteri i tij, edhe kur duken disi të largëta, burojnë nga mjedisi ynë. Edhe problemet që e shqetësojnë subjektin lirik, qofshin të natyrës politiko-sociale apo etiko-morale, janë autok-tone. Duke qenë në vazhdën e poezisë së tij të mëparshme, të përmbledhur në librin I kam edhe dy fjalë (2012), edhe poezia e këtij libri efektin

5

e saj e mbështet në radhë të parë mbi batutën, humorin, ironinë dhe gjetjet befasuese. Por ajo sjell edhe diçka të re: thyerjen e tabuve, sidomos të atyre që kanë të bëjnë me erosin, aq sa mund të thuhet se, aty-këtu, shkel në zona "të ndaluara" (Tundimi, Anarkia, Nën kthetrat e komitës etj.), duke sfiduar shijet dhe traditën puritane.

Idiomi gjuhësor i vjershave të këtij libri, jo i të gjithave, por i një pjese të konsiderueshme të tyre, bazohet mbi të folurit lokal, të variantit gegë, që nuk u përmbahet normave të gjuhës standarde. Thënë me terma pak a shumë profesionalë, kodi i tyre gjuhësor mund të quhet idiolekt. Të themi, a propos, se mospërfillje gjuhësore në vargje arsyetohen kurdo që vihen në funksion të përmbajtjes së poezisë, të thellimit të kuptimit të saj, por natyrisht se nuk duhet tepruar në këtë plan.

Libri më i ri i Lulzim Tafës titullohet Shtini n'dhe këto fjalë. Nuk është vështirë të vërehet se ky libër jo vetëm si frymëzim poetik dhe si koncept, por edhe me titullin është në koherencë me dy librat e tij të mëparshëm: Vdekja çon fjalë (1998) dhe I kam edhe dy fjalë (2012). Në qoftë se titulli i librit, sipas Shopenhauerit, është (duhet të jetë) monogram i përmbajtjes së tij, atëherë mund të thuhet se në këta tre libra të Lulzim Tafës shpaloset që në titull raporti i subjektit lirik me fjalën. Dhe ky raport është në harmoni me filozofinë jetësore dhe me përvojën historike të njeriut të kësaj toke: fjala si kob (tek i pari), fjala si peng (tek i dyti) dhe fjala si amanet (tek i treti).

Poezia e Lulëzim Tafës, pjesa dërrmuese e saj, tingëllon si një bisedë inteligjente me lexuesin. Thënë troç, kjo është poezi që të bën për vete si me emocionin që transmeton, ashtu edhe me ekspresivitetin e saj gjuhësor. Lexohet lehtë, por nuk shlyhet kollaj nga kujtesa.

Agim Vinca

LULZIM TAFA

UJK QË NUK I TAKON LLAVËS

Jam Ujk
Por jam
Sui generis
Ujk që nuk i takon llavës
Llavës që shkon pas
Epsheve të një kudre
Jam ujk
Që e ha prenë e vet
Që nuk rri në kalybe
Që e do t'dashnen e vet
Veç pse kur due me e kollofitë
Mundet me rezistue

CIKLI I PARË

PAKETIMI
I MËRZISË

UDHËT

(F)

Fillim s'kanë
as fund
këto udhë
Ka udhë pa kokë
Ka udhë
udhëkryq
Ka udhë pa udhë
Por udha
Gjendet
gjithmonë
Nisu ti
hajt
Udha e mbarë

DEKLARATË PATETIKE

Vdeksha unë për ty
Sa e mirë je moj zanë
Sa të rënda i ke
Ato fije

HERMETIKE

Kam me të mshelë
Dhembje me të çelë
As vetë s'e di më ku je
As deti s'ka me të pre
As dheu
S 'ka me të
Ba
Zap
Ma

SODITJE

Dy rrospi
Të bukura
Hyjni
Pinë kafe dhe shikojnë
Në filxhan
Vijat dhe rrugët.
Thojtë e këmbës i ngjyrosin
Për adet
Kullosin dëshira
E andrra në det
Zog n' hava
Kjo dynja.
(Stamboll 2001)

URA

Ndërtova një urë
Këtu e në Sarajevë
Të gjatë
Pa projekt
Pa arkitekt
Telat e kujtimit i shtriva
si fije çeliku
Mallin e përziva
si beton
Vetëm me frymë e bëra
të fortë,
të lidhur për zemre,
Kalo lirë
zoti të flet
dhe engjëlli
i bardhë të mban
për dorë

SINONIMET

Në daç thuaj
E kam zemrën
Plot dashuri
Në daç thuaj
E kam zemrën
Plot Sarajevë
Njësoj Sarajevë
Sheher sevdaje

VRASËSIT NË SREBRENICË

Unë u bëra vegjetarian
Ditën që ata u bënë
Kanibalë

DASHURI PA NEON

Po të doja ty
Dashuri puro
Pa neon
Që krejt ambëlsinë ta nxjerr
Me maje gjuhe
Por bota ,
Bota ka avansuar
Shumë Ajkunë
S'ke çare pa e urbanizue
Pak dashni
Së paku minimalisht
Adapte me do standarde
Se nalt valla
Shumë nalt
Ti po vazhdon
Me dashurue
Si një ushujzë uji
Depërtuar nën lëkurë

ADN E QENIT

Katërdhjetë e katër baballarë
Dhe një nënë bushtër
Kurr nuk e kuptova
Pse i binin në qafë

LABORATORI

Qysh
Po maroni heronjë
Në podrume

Pa asnji kusht higjenik
Në atë pisllëk
Ku bahen heronjët
dhe ku
shiten me atë çmim

EXPORTI

Ne nuk prodhojmë asgjë
Për ju.
Prandaj nuk kemi export
Po të doni
Ne mundemi të ju shesim
patriotizëm dhe
Trimëri epike
sa të doni
Po ju
as këto
nuk i bleni dot
Ndoshta për shkak
Të cilësisë së dobët

PËRSHKRIM TEKINK
I NDARJES

Ti ma ndal rrymën
Dritat e syrit m'i fik.
Terr
As shoh
As ndiej
Metal pa ndjenja
Ti termocentral
I fuqisë gjigante

IKJA

nëse ikë
do të bëhem
njëri ndër prodhuesit
më të mëdhenjë
të pikëllimit në botë.
Buzën gjithmonë
Do ta mbaj kafshuar
Duart fort
Lidhur në kujtim
S'do të ha
As s'do të pij
Asht
Lëkurë
E mërzi të betontë
Do të përbij

EGOIZËM

Andrra më të bukura
Se unë
Nuk sheh kush
Derisa ti
më fërgon në prush

PAKETIMI I MERZISË

S'ka faj Nana
Kur thotë
Hiqu andrrave se
T'i lujnë mentë prej kresë
Gjithë natën mbramë
Paketuam mërzi në do thasë najloni
E hamajt e zi i ngarkonin
Në anije
Dhe më asgjë nuk di
Deri në mëngjes
Kur thanë
U idhtue Deti

LIGJI PËR MBROJTJEN E KAFSHËVE

Të drejtat e njeriut
Respektohen
pjesërisht,
Por, të kafshëve
plotësisht
Në secilën kasaphane

FORET E ISES

M'doket se hajgare
Kish pas ba Isa
Kur   tha
"Unë jam mirë
kur asht mirë Shqipnia"
n'do hajdutë
tu aludue

CIKLI I DYTË

IKJE

LAMTUMIRË TRIM

(Ali Podrimjes)

Trim ke qenë
Pasha të madhin
Kurr për dekë s'ke ni
Dhe mirë e ke pasë
Pasha Kryt
Se vdekja të pavdekshmeve
Çfarë u bën?
Trim ke qenë
Në tokë e qiell
Se trim është vetëm ai
Që kcen prej Urës së Shejtë
e i shkymë dritat në Paris.
Trim ke qenë "mixhë"
"Pasha Musafin"

Prishtinë 24. 07. 2012

PADREJTËSI LEGALE

Kushtetuta legalizoi Gay-të
Andaj pushteti ka të drejtë
T'u kcej të gjithëve pa dallim
Racë e gjinie,
Derisa unë kërkoj kufizime
Së paku për fëmijët
Nën gjashtëmbdhjetë vjet

TI A KE DHEMBJE

Kur s'më sheh
Kur s'më dëgjon
Kur s'të flas as s'më flet
Kur të këputet andrra
Në gjysmë
Ti a ke dhembje
Kur gjumi të del
E më s'të zë.
Kur ti fërgon dashurinë në prush
Kur të vlon balli
Kur të sos malli
Ti a ke dhembje
Në këtë punë djalli.
Trego
Ti a ke dhembje
Si unë

DOVË PËR DASHURINË

Ti nuk di dovë tjetër
Përveç asaj të Dashurisë
Prandaj unë s'e di pse
Të quajnë ty
Rrospi

VARGJET E MIA VRANË NJË PROSTITUTË

Vendosa të bëj një deklaratë patetike
Pa numër të protokolit
Pa nënshkrim
Si bëhet një komunikatë
Në luftë
Sot më datë 14
Vargjet e mia
Vranë
Një prostitutë

E DASHURA E KRIMINELIT

Ai u kap në flagrancë
Derisa po plaçkiste një bankë
Tani e dashura i bën romancë
Çdo ditë i vizaton
Zogj në dritare

ORA

Due me folë diçka me ty
E ndali një herë pak
Po ndali një herë pak
Të rrahurat e zemrës sate
Të rrahurat e zemrës sime

LUFTA E KATËRT BOTËRORE

Me gjasë
Luftë
sërish
ka me u ba.
Përsëri trima
ka me pasë
ka me u derdhe gjaku
lum
edhe njëherë prej fillimit
gjithçka do të nisë
o zot
po kush mundet ma
t'i duroj
gjithë këta
Heroj

ETHET

Hartë e dhembjes
Shfaqur në buzë
Nëse mund ta lexosh
Rrugën nga do të shkosh
Ethet e forta
të ftohta
të zjarmnisë,
Ethe të gjalla
Ja ku më janë shfaqur
Por ti s'ke faj
që nuk mund ta lexosh
Artin absurd
të vijave në buzë

BETIM SOLEMN

Pa
sy
Jetoj,
s' jetoj
pa
ty

LISAT

Me gjasë dukeni kot
Si heronj
Se jeni
Lisa stoikë
Sypatrembur.
Mund të keni qenë të këqinj
Në një vakt tjetër
Që mund ta keni jetuar.
Tash u mbajnë
Vazhdimisht nën kërcnim
T'sopatës.
Më vjen keq,
kur më bëhet
Se qani kokëlart
Nga trajtim i vrazhdë sopate
Dhe kërcënimi
permanent i zjarrit
Mbajeni në mend
mbase më urreni kaq shumë
Sc me ju
ka me u ndezë
Zjarm i Xhehnemit

SMS

Tung zemër
Diellin e kam afër
Vetëm një metër
Ti, pika e ujit
Që ferrin e shkymë

E-LOVE

Sa i lehtë është celulari
Sa i rëndë jam unë
Pa SMS-ët e tu
E dashur

DEHJE ME FATALITET

Ti ke dehje fatale
kur dehesh
Vret,
Unë vetëm
Kur dehem
Të dashuroj
Fatalisht dehemi
Të dy

COOL

Definitivisht
Ti ke një dashuri Cool
Nga ambëlsia që buzën e shpon
Lëre më shpirtin
Vishesh shumë mirë
Dhe je shumë IN
sa u përket paisjeve
Përfshirë kontraceptivët.

MISH I EGËR NË SHPIRT

Qysh kur m'pate thanë
Se ke shti dashni në mua
U ba shumë vështirë
Me pshtue
Prej mishit t'egër
Në shpirt

ARBOR VITAE

(Mirko Gashit)

Maestro
Krejt pemët
Po dojnë me i pre
Po thonë krrkush ndër to
s'po puthet ma
gjethet
frutat
puthjet
janë tha

LULZIM TAFA

CIKLI I TRETË

TE HANA

HANA
(krejt të duan ty, s'i unë askush)

Së paku punën tane
ta kisha ditë
Pas një komunikimi të përhantë
Çdo natë
Hanë
Kthjellët apo vranët

LULZIM TAFA

TRI PYETJE PËR SHPJEGUESIT E ANDRRAVE

(Pyetja e parë)

Çka do me thanë
Kur Zoti e shndërron
Hanën në Njeri
i vë buzë
e i vë sy
Ta shfaqë përpara
Si një hyjni
Dhe ta merr përsëri
Ta çon atje lart
Ku duart e mia
S' munden me e mbërri

(Pyetja e dytë)

Çka do me thanë
Me e pa
N'andërr Hanën?
Buzët shkrumb
Me ja pa
Qepallat e varuna
si hije
Çka do me thanë?

(Pyetja e mbramë)

Çka do me thanë
Pas perëndimit të hanës
Shikimi i syve
me t'u
Ligshtue

LUTJE

Kush mundet
Me m'lidh
Ma fort
për Hanen
me
një litar
si mall
që s'këputet

PLAGA

Mos u mundo
Kurrë mos e mbyll
Lëre hapur
Se rri më mirë
Vetëm përforcoje
Për zemre
Se dhembjen duhet
Me e ndi mirë
Si gacën
Si kripën

LUTJE E PAZAKONTË

O zot
Zbrite poshtë
Hanën

HANA

Vetë më tha një natë
Se do me m'ra n'dorë
Pezull s'rrihet ma
E unë zgjata duart
Me e pritë
Si i marrë
Merre me mend
thashë
Çka do me thanë
Me qenë
"Dashnuem në Hanë"

SHKURT

jam mbush
plot Hanë
Sonte
Pastaj
Kam bërë
Shpërthim të diellt
Zjarri
Flakë
malli
Me pëllëmbë fytyrën
Ta kam matë
E ç'matë
Andërr më të bukur
Nuk ka parë kush
Këtë natë

PËRFUNDIME

Kapërcyem gjithë natën
Andrrën e vështirë të jetës
E tani pres
që të vdesim të dy
Pa asnjë amanet.

PYETJE BANALE

E dashur
A mos ke pak kohë
Që t'a dështpërosh
Pendimin

TALENTI

Ti di
Me të çue aq nalt
Sa kur të lëshon
Lot në sy
t'i vlon
Askush
Si
Ti
s'di
Me dashurue

IRONI

Pse ti Zemër
Nuk po e hap
Një shkollë dashurie
Ku na mëson me dashurue
Me fjalë
të bukura
Ku na mëson me dashurue
Me vepra
pelim

DASHURI ME FJALË TË NDYTA

Unë zgjohem
Ti përgjumur nis
Dashurinë
me fjalë të ndyta

KËRCËNIM

Pasha zotin
Kam me i fut
Të gjitha fjalët e tua
Në një thes
Dhe kam me ia fal
Një lypsari

LUTJE NË FORMË URDHRI

Mos shko
Rri këtu
Në poezi
Mos shko
Rri këtu
Se
Je e mirë
Me da
Dashni
E idhnim
Me
TY

DASHURIA NË ËNDËRR TË HUAJ

Unë e lashë punën
E shpjeguesit profesionist
Të andrrave
Natën
që u dashurova
Në andrrën e huaj

LULZIM TAFA

CIKLI I KATËRT

GURË E DRU

GURI

Çoje
Nëse mundesh
Me e çu
Ku të çon

GURËT

Çile gur gojën
E fol
Je gur
A qyqe

QYQJA

Fol
Të paskan bërë guri
Guri i qyqes
Qyqja e gurit

ETJA

Kush të dogji TY
Para se TI
Të na djegësh
Ne
Ç'miqësi
me zjarrin
ç'armiqësi
Me ujin
Ke

KASAPI

Sa shpirtmirë është
Derisa thikën e mpreh
Që të ketë
sa më pak mundim
ai dhe viktima
Kujdesi i tij
Të frymëzon
Derisa ti
Humanizon

AKULLI

Nuk rri dot
shpirti në ty
Mos je ti gjak
i ngurtë pa ngjyrë
Apo
lot i ngrirë në sy

ZJARRI

Ti na djeg neve
Por ty
Kush ka me të djegë
Atje në ferr

SYTË

Unë jam një
E ju jeni dy
Sa mirë që nuk shihemi kurrë
Se ndoshta kishim
me u gri

PLAGËT

S'po flas për veti
Po për deti
Që nuk ju shnoshen kurr
Ato varrë.

DETI KA ME NA PSHTUE

Mbasi të na djegë mirë
Zjarri
Ka me u çue
deti
Me na i mlue vorret
E me na i la
Plagët.
Veç deti mundet
Me na pshtue

BETEJA

Ti ma djeg syrin
E loti ta shkymë
Ty
Zjarmin
N'sy

BRISKU

Po t'baj be
Sa ke pre
Mos gabo me vdekë
As me hy n'dhe

KËRCËNIM

Mbaje mend
Akulli ka me u zi
Zjarri ka me u ngri
Krejt ka me u ndërrue
Deti ka me vlue

LULZIM TAFA

CIKLI I PESTË

TUNDIMI

TUNDIMI

Quhej treshe,
Loja që s'luhej në fushë
të hapur futbolli
As Tenisi.
Por është lojë
Me shumë topa.
Mes pikave të nxehta evidente
Në një shtrat të shtrirë
Të dehur def,
definitivisht
Prishtina të hipnotizon
Si shkuma e shampanjës.
Si një romancë mesjetare
Me qirinj dhe lule
E sa për adet në buzë
katror çokolode me rum.
Të bindur se po bënim art
Ato i mbyllën sytë me shami
Teksa bebzat e mia rriten në pakufi.
Ia nisim nga e para pa sinjalizim
Vetëm me maje gjuhe.
S'merret gjë vesh

Lojë e vështirë, pa arbitër
Lojë pa rregulla se s'ka
Rregulla në atë anarki
S'ka kush e shënon fillimin as fundin
S'ka spektatorë por ka
shumë ovacione lojtaresh
Komplet u bëmë me flokë të pakrehura
Si të kishim hyrë apo të kishim dal nga çmendia
e mëkatin e dinim vetëm nga gishtat.
Për një çast
kujtova se më rrëmbyen shqiponjat
Në kthetra
U shtri mbi mua vaj qejfi
U bëra prodhues i lëngut të bananes
Deri sa nuk mbeti pikë për ilaç
Derisa nuk mbeti ilaç për pikë
Pasha besën nuk e di fundin
Se pak, shumë pak
i kujtohet njeriut
Nga ai tundim

AJO ËSHTË VIP

Ajo është VIP dhe
nuk është edhe krejt e thjeshtë
Ta keshë në shtrat
Sidomos pasi
Ta ketë shkelur tepihun e kuq
Nuk është krejt e thjeshtë
Kur pas tepihut të kuq
Ti ndien
Buzët e kuqe të saj
,,Orgazmën me crayzi
të Holivudit"
Nuk është krejt e tjeshtë
Ta kesh një VIP në shtrat
VIP që lëngu i bardhë
ia vezullinë dhëmbet

ANARKIA

Lëvizje të panumërta
me maje gjuhe
Temperaturë e pamatshme gjaku
Dorën në zemër
ti je më e kujdesëshme
Derisa unë jam
një anarkist
E bëj krejt pa rregulla.
Ti e bën mirë
më tha në fund
Si një cigan i vërtetë.
Uh-kjo
Është gjëja më e mirë
Që mund të ma thotë dikush
Kur gjendem
këtu në mes

DALJE

Ajkunë
Si do t'ia dëshmojmë
Ginisit një ditë
Se ne kishim
Një dalje
Pa hyrje

HYRJE NË TY

Erdhe
pa të thirrë
Shkove
pa të ndjekë
ardhje
shkuarje
që më djeg

SHKURTIMI I NJË EMRI TË BUKUR

Una Tani,
Dikur
Ajkuna.
Më nuk skuqet
n'fytyrën e mirë
Po te lisat më
s' të del,
As te hoteli që s'i ka
Pesë yje.
Tani nuk heziton më
me të puthë, si dikur
ti zë buzët
Me buzë
ta nxjerr shpirtin
me gjuhë të gjatë

TRANSFORMIMET

Ajkuna e çartun
Tani është crayzi Una
Ajo ka ngjyrosur thojtë
Flokët e buzët, duket seksi
Por diçka të mungon prore Una
Nuk je disi e ambël
Siç ishte Ajkuna

KUSHTI

Pa m'vra mue
Ti atë kangë
S'mundesh me e knue
N'qofsha unë i gjallë
E kështu i dashnuem

KREJT KA NDRYSHUE

Ajkuna, Una
Më ftoi një natë
Ta bëjmë shpejt
Një doggy style
Si dikur
Te lisi
Nën hije
Ec e bjeri
Në fije

DHIMTË E MADHE

Ajkuna
Qet mirë në shejë
Mirë ta vnon
synin në sy
E ma shumë se me pushkë
Të vret me dashni
Kur të qëllon
ta nisë dhimtë
e madhe në shpirt
dhimtë e ranë plum
zot ruana
sa dhimtë e madhe
Është Ajkuna

PENDIMI

E pranoj
se ke bukuri
Por ti qafën ta then
Me dashni
Ndryshe moti
S'do të më kishe pa
Me sy

NËN KTHETRAT E KOMITËS

Ajkunë.
S'është askush
Veç unë e ti dhe mali
Mali ushton po
Mali s'Flet
Sa besnik është Mali
Ngadalë mos na sheh kush
Mos...
Mos
Ani pra
Ani pra ngadalë
Mos u ngut
Ma ngadalë
Mos u ngut
Ma ngadal
Ma shpjet
Ma shpejt
Ma ngadalë
Ma shpejt
Ma ngadalë, ma ngadalë
Ndal, mos u ndal
Mirë

sa mirë
Ashtu, Ashtu
mirë mirë mirë
ku është kroni
ku është uji,
ujë se flaka Flaka
na doli
ngadalë, ndal, mos u ndal

DASHNI E RRËZUME

Sot është marre
me i thanë dikuj
të due
Kur e shoh dashninë kaq poshtë
E për tokë
Të rrëzueme

ANDËRR

Dikush donë me më mbytë
Unë po ëndërroj
E ti
Tregomë
Kur me i çelë sytë

CIKLI I GJASHTË

KRYENGRITJA
E MUZAVE

TU E KERKUE VETEN

Kam dalë sot
Me kry n'dorë
Veten me e lypë
Udhëve
ku e kam pas lanë
pak dashni
e do dhembje
udhëve të vjetra
të shtrume mall
Buzëve të amëla kujtimi
syve
Ku jam fshehë
Puthjeve
ku jam dehë
Kam dalë sot
Veten me e lypë
Shikoj n'diell
jam n' tokë
A n'qiell
Kam dalë sot veten me e lypë
Po ku jam
Kërkah

Nuk jam.
Jam dalë sot veten me e lypë
Nëse nuk e gjej
Edhe pak
shumë
Kam me u dëshprue
Kam me ja nisë përmallshëm
Me knue
Si me vajtue

REPLIKË

Ka mbetë me thanë
Se zjarri
S'djeg
Si malli

REVOLUCIONI I MUZAVE

Çka thu ti me u çue
një natë muzat në kamë
një natë jermi e zjarrmie
e me dashtë
përmendoret me i rrëzue
kund mos me lanë
hero as dreq
burrë as grue
n'kamë mos me e lanë.
nime me e lanë
çka ish kanë me lanë
popullin cullak

LISI E KRYQI

Më vranë
Më varën në lis
Nuk më gozhduan
Se më bënin Krisht.
Lisi kryq
Kryqi dru
Krishti n'Kryq
Litari n'lis
Prandaj nuk më gozhduan
Se më bënin Krisht.

MËNIA

Ka ditë që atdheu
më shikon vëngër
ia çova në rrotë të samës
heronjtë.
Se këta që të thonë të dua
Nuk të don.
Unë
kurrë s'të kam thënë
e ende të dua
Sa sytë.
Be të baj
kur t'duash
bjere qitapin

KAPËRCIMI

Shpirti u këput
Si një pe i hollë
Si fije bari
Pastaj
Si gjel pa kokë
Hop hop
N'konop

NË EMËR TË POPULLIT

Pushkatim
N'litar
Në emër të popullit
Gjakatar.

MOSBESIM I RANË

Askush nuk më beson
Qiellin diellin
Detin kur shikon
Se qielli diellin e lëshon
Askush nuk më beson
Se dielli
Nga qielli
Ka me ra
Askush nuk më beson

DITË TË KIAMETIT NUK KA

Dielli n'deti ka me ra
Zjarrmi ka me shkymë
Në ujë të valë të detit.

Vetëm sytë na i marrin
Na i qesin në ujë
Për shnet të Zotit.

Mos u tutni bre
Se ditë kiameti nuk ka
Kiameti natën ka me u ba.

PËRSËRITJE

Ka me ra dielli n'deti
E na kena me u zi
Në ujë valë
Më falni
Prej tutës e kam
E mos po bëhet
Dheu shkamb

BESNIKËRIA

Këto që t'i thash
Mos ja thuj askuj
Mos e përmend kurrë
Atë lojën nën hanë
Mos përmend kurrë
Melaqe as djall
Pash mue Ajkunë
shtini n'dhe këto fjalë

PROPAGANDË

(Xhehnemi)
Atje s'ka drita
Njerëzit s'kanë kurrë me u pa
S'ka me pi ujë se
Krojet qesin ujë valë
S'ka me u dashurue
Se zemrat digjen
S'ka me u puthë se
S'ka buzë
S'ka lule ka veç ferra
S'ka me u rrokë për dore
S'ka me folë
S'ka libra me vjersha
S'ka bibël
S'ka me u knue musaf
Diellin duhet me shty me kambë
Me i la sytë me zjarm
Me flejtë mbi sopata
Ka me pasë kambë
Duar e koka
Të këputuna
Dhe andrra morbide
Në temperaturat mbi njimijë gradë

(Xheneti)
Kemi me fjetë n'lule t'xhenetit
nër pemë
Kemi me pi verë të kuqe
nga krojet
Kemi me u nie t'gjallë
Mes hyriave
Ka me na pasë shpirti paqe
kemi me fluturue me flutura
Nga dritarja kemi me e kqyrë
xhehnemin
Dhe kemi me u knaqë
Tu i pa hasmit
Kah digjen.

Shënime të shkurtra për autorin

Lulzim Tafa (1970), për dy dekada e gjysmë është prezent në letërsinë shqipe dhe është njëri prej poetëve më të njohur dhe më të përkthyer të letërsisë shqipe në botë

Shkruan edhe prozë, dramë, kritikë letrare dhe publicistikë. Poezitë e tij janë të përkthyera në disa gjuhë të botës dhe të përfshira në disa antologji, është shpërblyer me shumë çmime letrare.

Veprat e tij deri më tani janë përkthyer në gjuhë angleze, gjermane, italiane, serbe/kroate, boshnjake, rumune, frënge, arabe, greke, turke, suedeze etj.

Nga fusha e letërsisë ka botuar këta libra

1. "Gjaku nuk bëhet ujë"(përmbledhje me poezi), Rilindja, Prishtinë 1993

2. "Metaforë e pikëlluar"(përmbledhje me poezi),Rilindja, Prishtinë 1995

3. "Planeti Babiloni" (Poezi e dramatizuar), Rilindja, Prishtinë 1997

4. "Vdekja çon fjalë" (Përmbledhje me poezi), Prishtinë, 1998

5.   "I kam edhe dy fjalë" (Përmbledhje me
     poezi), Faik Konica, Prishtinë 2012
Është profesor universitar. Jeton në Prishtinë

Përmbajtja

LULZIM TAFA

www.ingramcontent.com/pod-product-compliance
Lightning Source LLC
Chambersburg PA
CBHW070014110426
42741CB00034B/1792